*De:*_____

*Para:*_____

___de ___de___

Caminhando com Jesus

Devocionário infantojuvenil

Organizador
Pe. Antônio Lúcio, ssp

Ilustrações
© *Reprolit*

Editoração, impressão e acabamento
PAULUS

1ª edição, 2005
17ª reimpressão, 2023

© PAULUS - 2005

Rua Francisco Cruz, 229 • 04117-091
São Paulo (Brasil)
Tel.: (11) 5087-3700
paulus.com.br • editorial@paulus.com.br

ISBN 978-85-349-2266-1

ORAÇÕES DO CRISTÃO

Sinal da Cruz

Pelo sinal da santa cruz,
livrai-nos, Deus nosso Senhor,
dos nossos inimigos. Em nome
do Pai e do Filho e do Espírito
Santo. Amém.

Pai-nosso

Pai nosso, que estais no céu,
santificado seja o vosso nome,
venha a nós o vosso reino,
seja feita a vossa
vontade assim na terra como
no céu. O pão nosso de cada
dia nos dai hoje.
Perdoai-nos as nossas ofensas, assim como nós
perdoamos a quem nos tem ofendido. E não nos deixeis cair
em tentação, mas livrai-nos do mal. Amém.

Ave-Maria

Ave, Maria, cheia de graça, o Senhor é convosco, bendita sois vós entre as mulheres e bendito é o fruto do vosso ventre, Jesus. Santa Maria, Mãe de Deus, rogai por nós, pecadores, agora e na hora de nossa morte. Amém.

Glória ao Pai

Glória ao Pai, ao Filho e ao Espírito Santo, como era no princípio, agora e sempre. Amém.

Salve-Rainha

Salve, Rainha, Mãe de misericórdia, vida, doçura, esperança nossa, salve! A vós bradamos, os degredados filhos de Eva. A vós suspiramos, gemendo e chorando neste vale de lágrimas. Eia, pois, advogada nossa, esses vossos olhos misericordiosos a nós volvei! E depois deste desterro, mostrai-nos Jesus, bendito fruto do vosso ventre, ó clemente, ó piedosa, ó doce sempre virgem Maria!
- Rogai por nós, Santa Mãe de Deus!
- Para que sejamos dignos das promessas de Cristo!

Creio

Creio em Deus Pai todo-poderoso, Criador do céu e da terra. E em Jesus Cristo, seu único Filho, nosso Senhor, que foi concebido pelo poder do Espírito Santo; nasceu da Virgem Maria, padeceu sob Pôncio Pilatos, foi crucificado, morto e sepultado; desceu à mansão dos mortos; ressuscitou ao terceiro dia; subiu aos céus, está sentado à direita de Deus Pai, todo-poderoso, de onde há de vir a julgar os vivos e os mortos. Creio no Espírito Santo, na santa Igreja católica, na comunhão dos santos, na remissão dos pecados, na ressurreição da carne, na vida eterna. Amém.

Anjo de Deus

Anjo de Deus, que sois a minha guarda, e a quem fui confiado por celestial piedade, iluminai-me, guardai-me, protegei-me, governai-me. Amém.

Anjo da Guarda

Santo Anjo do Senhor, meu zeloso guardador, já que a ti me confiou a piedade divina, sempre me rege, guarda, governa e ilumina. Amém.

Ó meu Jesus

Ó meu Jesus! Perdoai-nos e livrai-nos do fogo do inferno. Levai as almas todas para o céu e socorrei principalmente as que mais precisarem.

Eu Pecador

Confesso a Deus todo-poderoso e a vós, irmãos e irmãs, que pequei muitas vezes por pensamentos e palavras, atos e omissões, por minha culpa, minha tão grande culpa. E peço à Virgem Maria, aos anjos e santos e a vós, irmãos e irmãs, que rogueis por mim a Deus nosso Senhor.

Creio, meu Deus

Creio, meu Deus, que estou na vossa presença, que me amais e atendeis às minhas orações. Sois infinitamente grande e santo: eu vos adoro! Vós me destes tudo: eu vos agradeço!

Fostes ofendido por mim: eu vos peço perdão de todo o coração! Sois bom e misericordioso: eu vos peço todas as graças que sabeis serem necessárias para mim.

(Pe. Tiago Alberione)

Saudação a Nossa Senhora

(Tempo Comum)

- O Anjo do Senhor anunciou a Maria.
- E ela concebeu do Espírito Santo.
Ave, Maria...
- Eis aqui a serva do Senhor.
- Faça-se em mim segundo a vossa palavra.
Ave, Maria...
- E o Verbo divino se fez carne.
- E habitou entre nós.
Ave, Maria...
- Rogai por nós, Santa Mãe de Deus.
- Para que sejamos dignos das promessas de Cristo.

Oremos: Infundi, Senhor, em nossos corações a vossa graça, a fim de que, conhecendo pela anunciação do Anjo a encarnação de Jesus Cristo, vosso Filho, cheguemos pela sua paixão e morte à glória da ressurreição. Pelo mesmo Cristo nosso Senhor. Amém.

Glória ao Pai...

(Tempo Pascal)

- Rainha do céu, alegrai-vos, aleluia!
- Porque quem merecestes trazer em vosso puríssimo seio, aleluia!
- Ressuscitou como disse, aleluia!
- Rogai a Deus por nós, aleluia!
- Exultai e alegrai-vos, ó Virgem Maria, aleluia!
- Porque o Senhor ressuscitou verdadeiramente, aleluia!

Ave, Maria...

- Rogai por nós, Santa Mãe de Deus.
- Para que sejamos dignos das promessas de Cristo.

Oremos: Ó Deus, que alegrastes o mundo com a ressurreição de vosso Filho, Jesus Cristo, Senhor nosso, concedei-nos, vo-lo suplicamos, que por sua Mãe, a Virgem Maria, alcancemos as alegrias da vida eterna. Pelo mesmo Cristo, nosso Senhor. Amém.

Glória ao Pai...

Mandamentos da lei de Deus

1. Amar a Deus sobre todas as coisas.
2. Não tomar seu santo nome em vão.
3. Guardar domingos e festas.
4. Honrar pai e mãe.
5. Não matar.
6. Não pecar contra a castidade.
7. Não furtar.
8. Não levantar falso testemunho.
9. Não desejar a mulher do próximo.
10. Não cobiçar as coisas alheias.

Mandamentos da Igreja

1. Participar da missa nos domingos e festas de guarda.
2. Confessar-se ao menos uma vez por ano.
3. Comungar ao menos pela Páscoa da Ressurreição.
4. Jejuar e abster-se de carne quando a Igreja manda.
5. Ajudar a Igreja em suas necessidades.

Sacramentos

1. *Batismo*: é o nascimento para a vida em Cristo.
2. *Confirmação* ou *Crisma*: é o sacramento do cristão que está amadurecendo na fé. É a força de Deus agindo em nós, e essa força é o Espírito Santo.
3. *Eucaristia*: é Deus mesmo se repartindo como pão, na doação de Jesus. É o corpo de Cristo que alimenta nossa vida.
4. *Penitência* ou *Confissão*: é o sinal visível do perdão de Deus que é fruto de seu grande amor pela humanidade.
5. *Unção dos enfermos*: é um fortalecimento espiritual que pode também curar a doença.
6. *Ordem*: é o sacramento pelo qual alguém se consagra a Deus para melhor servir os irmãos e a comunidade.
7. *Matrimônio*: é o sacramento do amor; sendo que Deus se faz presente no amor do casal.

Ato de Fé

Eu creio firmemente que há um só Deus, em três pessoas realmente distintas: Pai, Filho e Espírito Santo. Creio que o Filho de Deus se fez homem, padeceu e morreu na cruz para nos salvar e que ao terceiro dia ressuscitou. Creio tudo mais que crê e ensina a Igreja de Cristo, porque Deus, verdade infalível, lho revelou. E nesta crença quero viver e morrer. Senhor, aumentai a minha fé.

Ato de Esperança

Eu espero, meu Deus, com firme confiança, que pelos merecimentos de nosso Senhor Jesus Cristo me dareis a salvação eterna e as graças necessárias para consegui-la, porque sois sumamente bom e poderoso e o prometestes a quem observar o Evangelho de Jesus, como eu proponho fazer com o vosso auxílio.

Ato de Caridade

Eu vos amo, meu Deus, de todo o coração e sobre todas as coisas, porque sois infinitamente bom e amável, e antes quero perder tudo que vos ofender. Por vosso amor, amo o meu próximo como a mim mesmo.

Ato de Contrição

Senhor, eu me arrependo sinceramente de todo mal que pratiquei e do bem que deixei de fazer. Pecando, eu vos ofendi, meu

Deus e sumo bem, digno de ser amado sobre todas as coisas. Prometo firmemente, ajudado com a vossa graça, fazer penitência e fugir às ocasiões de pecar. Senhor, tende piedade de mim, pelos méritos da paixão, morte e ressurreição de Jesus Cristo, nosso Salvador.

Pequeno ato de Contrição

Meu Deus,
eu me arrependo de todo o coração
de vos ter ofendido,
porque sois tão bom e amável.
Prometo,
com a vossa graça,
nunca mais pecar.
Meu Jesus,
misericórdia!

Mandamentos da Caridade

1. Amarás o Senhor teu Deus de todo o teu coração, de toda a tua alma e de toda a tua mente.
2. Amarás a teu próximo como a ti mesmo.

Principais mistérios da Fé

1. Unidade e Trindade de Deus.
2. Encarnação, Paixão e Morte de nosso Senhor Jesus Cristo.

Dons do Espírito Santo

1. Sabedoria
2. Entendimento
3. Conselho
4. Fortaleza
5. Ciência
6. Piedade
7. Temor de Deus

Virtudes Teologais

1. Fé
2. Esperança
3. Caridade

Virtudes Cardeais

1. Prudência
2. Justiça
3. Fortaleza
4. Temperança

Obras de Misericórdia
Corporal

1. Dar de comer a quem tem fome.
2. Dar de beber a quem tem sede.
3. Vestir os nus.
4. Dar pousada aos peregrinos.
5. Visitar os enfermos e os encarcerados.
6. Remir os cativos.
7. Enterrar os mortos.

Obras de Misericórdia
Espiritual

1. Dar bom conselho.
2. Instruir os menos esclarecidos.
3. Consolar os aflitos.
4. Perdoar as injúrias.
5. Suportar pacientemente as fraquezas do próximo.
6. Rogar a Deus pelos vivos e defuntos.

Vícios Capitais

1. Soberba
2. Avareza
3. Luxúria
4. Ira
5. Gula
6. Inveja
7. Preguiça

Oração da manhã

Bom dia, Jesus! Estou acordando e quero falar com você desde já. Faça com que eu viva este dia com coragem e alegria. Acompanhe meus pais nos trabalhos que realizam diariamente, contribuindo para o nosso bem-estar. Fique sempre comigo neste dia, e que eu possa fazer tudo para que você seja conhecido e amado por todos. Jesus, sei que você está comigo e por isso sigo em frente com alegria. Amém.

Pe. Lúcio

Oração a Nossa Senhora para passar bem o dia

Maria, minha querida e terna Mãe, colocai vossa mão sobre minha cabeça. Guardai minha mente, coração e sentidos, para que eu não cometa o pecado. Santificai meus pensamentos, sentimentos, palavras e ações, para que eu possa agradar a vós e ao vosso Jesus e meu Deus. E assim, possa partilhar da vossa felicidade no céu. Jesus e Maria, dai-me vossa bênção: em nome do Pai, do Filho e do Espírito Santo. Amém.

Pe. Tiago Alberione

Oração da noite

Boa noite, Jesus! Obrigado pelo dia maravilhoso que tive, por tudo que consegui realizar. Obrigado pelas pessoas amigas que encontrei. De cada uma sempre aprendo algo novo que me ajuda a ser melhor. Obrigado por você ser meu amigo de todas as horas. Isso para mim é uma grande alegria. Esteja comigo também nesta noite. Que eu tenha bons sonhos e descanse para recomeçar bem o dia de amanhã. Amém.

Pe. Lúcio

Creio meu Deus

Creio, meu Deus, que estou na vossa presença, que me amais e atendeis às minhas orações. Sois infinitamente grande e santo: eu vos adoro! Vós me destes tudo: eu vos agradeço! Fostes ofendido por mim: eu vos peço perdão, de todo o coração! Sois bom e misericordioso: eu vos peço todas as graças que sabeis serem necessárias para mim.
Pe. Tiago Alberione

Oração antes da refeição

Abençoe, Jesus, todos esses alimentos que recebemos generosamente de nossa mãe Terra: os legumes, os cereais, as verduras, as frutas... Abençoe também o pão e a carne que estão

na mesa. São presentes seus e fruto do trabalho de muita gente. Abençoe as pessoas que prepararam com dedicação essa refeição. Faça que em nossos lares sempre tenhamos o necessário para viver com saúde. Amém.
Pe. Lúcio

Oração depois da refeição

Agradeço, Jesus, por mais uma vez ter podido me alimentar bem. Obrigado por eu ter na mesa os alimentos necessários para o meu crescimento. Não permita que, em outros lares, a mesa esteja vazia. Desperta no coração das pessoas a sensibilidade para perceberem que uma alimentação sadia é direito de todos. Amém.
Pe. Lúcio

Oração do estudo

Jesus, estou indo para a escola. Faça com que eu aprenda o que meus professores vão ensinar. Olhe! Quero pedir para você sempre mais disposição no momento de fazer as lições de casa. Seja meu amigo também nos estudos. Sei que vou precisar deles mais tarde quando eu crescer. Que seu Espírito, Jesus,

ilumine minha inteligência para que eu use meu conhecimento para fazer o bem. Conto com você e sei que não estarei sozinho. Ah! Obrigado pela oportunidade que tenho de estar estudando. Que nenhuma criança fique fora da escola. Amém.
Pe. Lúcio

Oração da Família

Jesus, que bom que você também teve uma família. Eu também tenho uma e nos amamos muito. Obrigado por meus pais serem cristãos e, por isso, ensinarem as coisas de Deus. Sentimos sua presença muito forte em nossa vida, e todos os dias rezamos juntos a oração que você nos ensinou. Dela aprendemos as grandes lições da vida e concluímos com você que o que vale a pena mesmo na vida é amar. Amo meus pais, eles me amam, nós nos amamos, você nos ama, nós amamos você. Que nosso testemunho faça com que outras famílias redescubram o sentido e valor delas. Ajude a todos nós nessa difícil missão e nos torne dignas famílias do povo de Deus. Amém.
Pe. Lúcio

Oração do amigo

Jesus, você é o melhor amigo das crianças. Você é o meu melhor amigo. Conto com você em tudo na minha vida e sei que não vou me decepcionar. Agradeço a presença em minha vida dos meus amiguinhos do bairro e da escola, dos meus irmãos e também dos meus primos.
Nossa amizade é a alegria de nossas vidas. Obrigado pelos dois grandes amigos que tenho e que me foram dados de presente por você: meu pai e minha mãe.
Sinto-me amado por eles e por você.
Estou rodeado de amigos e por isso sou feliz. Amém.

Pe. Lúcio

O Santo Rosário

Oferecimento

Divino Jesus, ofereço-vos este terço que vou rezar, contemplando os mistérios da nossa redenção. Pela intercessão de Maria, vossa Mãe Santíssima, a quem me dirijo, concedei-me as virtudes para bem rezá-lo e a graça de ganhar as indulgências desta santa devoção.

- Em nome do Pai...
- Creio em Deus Pai...
- 1 Pai-nosso
- 3 Ave-Marias
- 1 Glória ao Pai

Mistérios de alegria

Segunda-feira e sábado

Após cada mistério, rezar, 1 Pai-nosso, 10 Ave-Maria, Glória ao Pai, Ó meu Jesus...

No primeiro mistério contemplamos o anúncio do anjo a Nossa Senhora de que ela será a mãe de Jesus (cf. Lc 1,26-39).

No segundo mistério contemplamos a visita de Nossa Senhora à sua prima Isabel (cf. Lc 1,39-45).

No terceiro mistério contemplamos o nascimento de Jesus na gruta de Belém (cf. Lc 2,1-15).

No quarto mistério contemplamos Jesus sendo apresentado no templo por Nossa Senhora (cf. Lc 2,22-39).

No quinto mistério contemplamos o encontro do menino Jesus no templo entre os doutores (cf. Lc 2,41-52).

Mistérios de dor

Terça e sexta-feira

No primeiro mistério contemplamos a agonia de Jesus no horto das Oliveiras (cf. Mc 14,32-43).

No segundo mistério contemplamos Jesus sendo cruelmente açoitado e flagelado injustamente (cf. Mt 27,22-26).

No terceiro mistério contemplamos Jesus sendo coroado de espinhos (cf. Mt 27,27-32).

No quarto mistério contemplamos Jesus carregando a cruz rumo ao Calvário (cf. Lc 23,20-32).

No quinto mistério contemplamos a crucificação e morte de Jesus (cf. Lc 23,33-49).

Mistérios de luz

Quinta-feira

1. No primeiro mistério contemplamos Jesus sendo batizado por João Batista no rio Jordão (cf. Mt 3,13-16).

2. No segundo mistério contemplamos Jesus nas bodas de Caná, quando, a pedido de sua mãe, transformou água em vinho (cf. Jo 2,1-12).

3. No terceiro mistério contemplamos Jesus anunciando o reino de Deus e convidando à conversão (cf. Mc 1,14-15).

4. No quarto mistério contemplamos a transfiguração de Jesus no monte Tabor (cf. Lc 9,28-36).

5. No quinto mistério contemplamos a santa ceia, em que Jesus institui a eucaristia (cf. Mt 26,26-29).

Mistérios de glória

Quarta-feira e domingo

No primeiro mistério contemplamos a ressurreição de Jesus (cf. Mt 28,1-15).

No segundo mistério contemplamos a subida de Jesus ao céu (cf. At 1,4-11).

No terceiro mistério contemplamos a descida do Espírito Santo sobre Nossa Senhora e os Apóstolos (cf. At 2,1-14).

No quarto mistério contemplamos a assunção de Nossa Senhora ao céu (cf. 1Cor 15,20-23.53.55).

No quinto mistério contemplamos Nossa Senhora sendo coroada Rainha do céu e da terra e intercessora por todos nós junto a seu Filho Jesus (cf. Ap 12,1-6).

Agradecimento

Graças vos damos, soberana Rainha, pelos benefícios que todos os dias recebemos de vossas mãos liberais. Dignai-vos agora e para sempre tomar-nos debaixo de vosso poderoso amparo, e para mais vos obrigar, saudamo-vos com uma Salve-rainha.

Ladainha de Nossa Senhora

Senhor, tende piedade de nós.
Senhor, tende piedade de nós.
Cristo, tende piedade de nós.
Cristo, tende piedade de nós.
Senhor, tende piedade de nós.
Senhor, tende piedade de nós.
Cristo, ouvi-nos.
Cristo, atendei-nos.
Pai do céu, que sois Deus, *tende piedade de nós.*
Filho, Redentor do mundo, que sois Deus, *tende piedade de nós.*
Espírito Santo, que sois Deus, *tende piedade de nós.*
Santíssima Trindade, que sois um só Deus, *tende piedade de nós.*
Santa Maria, *rogai por nós.*
Santa Mãe de Deus, *rogai por nós.*
Santa Virgem das virgens, *rogai por nós.*
Mãe de Jesus Cristo, *rogai por nós.*
Mãe da divina graça, *rogai por nós.*
Mãe puríssima, *rogai por nós.*
Mãe castíssima, *rogai por nós.*
Mãe imaculada, *rogai por nós.*

Mãe intacta, *rogai por nós.*
Mãe amável, *rogai por nós.*
Mãe admirável, *rogai por nós.*
Mãe do bom conselho, *rogai por nós.*
Mãe do Criador, *rogai por nós.*
Mãe do Salvador, *rogai por nós.*
Mãe da Igreja, *rogai por nós.*
Virgem prudentíssima, *rogai por nós.*
Virgem venerável, *rogai por nós.*
Virgem louvável, *rogai por nós.*
Virgem poderosa, *rogai por nós.*
Virgem benigna, *rogai por nós.*
Virgem fiel, *rogai por nós.*
Espelho de justiça, *rogai por nós.*
Sede da sabedoria, *rogai por nós.*
Causa de nossa alegria, *rogai por nós.*
Vaso espiritual, *rogai por nós.*
Vaso honorífico, *rogai por nós.*
Vaso insigne de devoção, *rogai por nós.*
Rosa mística, *rogai por nós.*
Torre de Davi, *rogai por nós.*
Torre de marfim, *rogai por nós.*

Casa de ouro, *rogai por nós.*
Arca da aliança, *rogai por nós.*
Porta do céu, *rogai por nós.*
Estrela da manhã, *rogai por nós.*
Saúde dos enfermos, *rogai por nós.*
Refúgio dos pecadores, *rogai por nós.*
Consoladora dos aflitos, *rogai por nós.*
Auxílio dos cristãos, *rogai por nós.*
Rainha dos anjos, *rogai por nós.*
Rainha dos patriarcas, *rogai por nós.*
Rainha dos profetas, *rogai por nós.*
Rainha dos apóstolos, *rogai por nós.*
Rainha dos mártires, *rogai por nós.*
Rainha dos confessores, *rogai por nós.*
Rainha das virgens, *rogai por nós.*
Rainha de todos os santos, *rogai por nós.*
Rainha concebida sem pecado original, *rogai por nós.*
Rainha assunta ao céu, *rogai por nós.*
Rainha do santo rosário, *rogai por nós.*
Rainha da paz, *rogai por nós.*
Cordeiro de Deus, que tirais o pecado do mundo, *perdoai-nos, Senhor.*

Cordeiro de Deus, que tirais o pecado do mundo, *ouvi-nos, Senhor.*
Cordeiro de Deus, que tirais o pecado do mundo, *tende piedade de nós.*
- Rogai por nós, santa Mãe de Deus.
- Para que sejamos dignos das promessas de Cristo.

Oremos: Suplicantes vos rogamos, Senhor Deus, que concedais a vossos servos gozar sempre da saúde do corpo e da alma. E que, pela intercessão da gloriosa bem-aventurada sempre Virgem Maria, sejamos livres da presente tristeza e gozemos a eterna alegria. Por Cristo, nosso Senhor. Amém.

VIA-SACRA

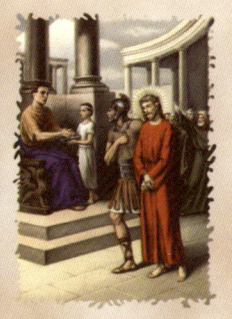

Na primeira estação,
Jesus é condenado
à morte.
(cf. Mt 27,22-26)

Na segunda estação,
Jesus carrega sua cruz.
(cf. Mt 27,27-31)

Na terceira estação,
Jesus cai pela primeira vez.
(cf. Mt 11,28-30)

Na quarta estação,
Jesus se encontra com
sua mãe.
(cf. Jo 19,25-27)

Na quinta estação, Simão de Cirene ajuda Jesus a carregar a cruz.
(cf. Mt 27,32)

Na sexta estação, Verônica enxuga o rosto de Jesus.
(cf. Is 52,14-15)

Na sétima estação, Jesus cai pela segunda. vez (cf. Is 42,1-4)

Na oitava estação, Jesus consola as mulheres de Jerusalém. (cf. Lc 23,27-29)

Na nona estação,
Jesus cai pela terceira vez.
(cf. Mt 20,26-28)

Na décima estação,
Jesus é despojado de
suas vestes.
(cf. Mc 15,23-24)

Na décima primeira estação, Jesus é pregado na cruz.
(cf. Lc 23,32-34)

Na décima segunda estação, Jesus morre na cruz.
(cf. Lc 23,44-46)

Na décima terceira estação, Jesus é descido da cruz.
(cf. Jo 19,38-39)

Na décima quarta estação, Jesus é sepultado.
(cf. Jo 19,40-41)

Na décima quinta estação,
Jesus ressuscita para a Vida.
(cf. Mc 16,6-7)

A BÍBLIA, PALAVRA DE DEUS

A Bíblia conta a história do povo de Deus. Foi escrita há muito tempo e por muitas pessoas. Ela possui grande riqueza e pode nos ajudar ainda hoje. Basta que nós a leiamos com fé e atenção, procurando ajuda das pessoas ou de outros livros para entender a mensagem de Deus para nós. Trazemos alguns textos tirados da Bíblia para ajudar você a rezar e tomar gosto pela palavra de Deus.

Tudo que Deus criou é bom
(Gn 1,1-2,4a)

No princípio, Deus criou o céu e a terra. A terra estava sem forma e vazia; as trevas cobriam o abismo e um vento impetuoso soprava sobre as águas. Deus disse: «Que exista a luz!» E a luz começou a existir. Deus viu que a luz era boa. E Deus separou a luz das trevas: à luz Deus chamou «dia», e às trevas chamou «noite». Houve uma tarde e uma manhã: foi o primeiro dia. Deus disse: «Que exista um firmamento no meio das águas para separar águas de águas!» Deus fez o firmamento para separar as águas que estão acima do firmamento das águas que estão abaixo do firmamento. E assim se fez. E Deus chamou ao firmamento «céu». Houve uma tarde e uma manhã: foi o segundo dia.

Deus disse: «Que as águas que estão debaixo do céu se ajuntem num só lugar, e apareça o chão seco». E assim se fez. E Deus chamou ao chão seco «terra», e ao conjunto das águas «mar». E Deus viu que era bom. Deus disse: «Que a terra produza relva, ervas que produzam semente, e árvores que deem frutos sobre a terra, frutos que contenham semente, cada uma segundo a sua espécie». E assim se fez. E a terra produziu relva, ervas que produzam semente, cada uma segundo a sua espécie, e árvores que dão fruto com a semente, cada uma segundo a sua espécie. E Deus viu que era bom. Houve uma tarde e uma manhã: foi o terceiro dia

Deus disse: «Que existam luzeiros no firmamento do céu, para separar o dia da noite e para marcar festas, dias e anos; e sirvam de luzeiros no firmamento do céu para iluminar a terra». E assim se fez. E Deus fez os dois grandes luzeiros: o luzeiro maior para regular o dia, o luzeiro menor para regular a noite, e as estrelas. Deus os colocou no firmamento do céu para iluminar a terra, para regular o dia e a noite e para separar a luz das trevas. E Deus viu que era bom. Houve uma tarde e uma manhã: foi o quarto dia.

Deus disse: «Que as águas fiquem cheias de seres vivos e os pássaros voem sobre a terra, sob o firmamento do céu». E Deus criou as baleias e os seres vivos que deslizam e vivem na água, conforme a espécie de cada um, e as aves de asas conforme a espécie de cada uma. E Deus viu que era bom. E Deus os abençoou e disse: «Sejam fecundos, multipliquem-se e encham as águas do mar; e que as aves se multipliquem sobre a terra». Houve uma tarde e uma manhã: foi o quinto dia.

Deus disse: «Que a terra produza seres vivos conforme a espécie de cada um: animais domésticos, répteis e feras, cada um conforme a sua espécie». E assim se fez. E Deus fez as feras da terra, cada uma conforme a sua espécie; os animais domésticos, cada um conforme a sua espécie; e os répteis do solo, cada um conforme a sua espécie. E Deus viu que era bom. Então Deus disse: «Façamos o homem à nossa imagem e semelhança. Que ele domine os peixes do mar, as aves do céu, os animais domésticos, todas as feras e todos os répteis que rastejam sobre a terra». E Deus criou o homem à sua imagem; à imagem de Deus ele o criou; e os criou homem e mulher. E Deus os abençoou e lhes disse: «Sejam fecundos, multipliquem-se, encham e submetam a terra; dominem os peixes do mar, as aves do céu e todos os seres vivos que rastejam sobre a terra». E Deus disse: «Vejam! Eu entrego a vocês todas as ervas que produzem semente e estão sobre toda a terra, e todas as árvores em que há frutos que dão semente: tudo isso será alimento para vocês. E para todas as feras, para todas as aves do céu e para todos os seres que rastejam sobre a terra e nos quais há respiração de vida, eu dou a relva como alimento». E assim se fez. E Deus viu tudo o que havia feito, e tudo era muito bom. Houve uma tarde e uma manhã: foi o sexto dia.

Assim foram concluídos o céu e a terra com todo o seu exército. No sétimo dia, Deus terminou todo o seu trabalho; e no sétimo dia, ele descansou de todo o seu trabalho. Deus então abençoou e santificou o sétimo dia, porque foi nesse dia que Deus descansou de todo o seu trabalho como criador. Essa é a história da criação do céu e da terra.

Deus liberta o seu povo
(Ex 13,21-31)

Moisés estendeu a mão sobre o mar, e Javé fez o mar se retirar com um forte vento oriental, que soprou a noite inteira: o mar ficou seco e as águas se dividiram em duas. Os filhos de Israel entraram pelo mar a pé enxuto, e as águas formavam duas muralhas, à direita e à esquerda. Na perseguição, os egípcios entraram atrás deles com todos os cavalos do Faraó, seus carros e cavaleiros, e foram até o meio do mar. De madrugada, Javé olhou da coluna de fogo e da nuvem, viu o acampamento dos egípcios e provocou uma confusão no acampamento: emperrou as rodas dos carros, fazendo-os andar com dificuldade. Então os egípcios disseram: «Vamos fugir de Israel, porque Javé combate a favor deles». Javé disse a Moisés: «Estenda a mão sobre o mar, e as águas se voltarão contra os egípcios, seus carros e cavaleiros». Moisés estendeu a mão sobre o mar. E, de manhã, este voltou para o seu leito. Os egípcios, ao fugir, foram ao encontro do mar, e Javé atirou-os no meio do mar. As águas voltaram, cobrindo os carros e os cavaleiros de todo o exército do Faraó, que os haviam seguido no mar: nem um só deles escapou. Os filhos de Israel, porém, passaram pelo meio do mar a pé enxuto, enquanto as águas se erguiam em forma de muralhas, à direita e à esquerda. Nesse dia Javé salvou Israel das mãos dos egípcios, e Israel viu os cadáveres dos egípcios à beira-mar. Israel viu a mão forte com que Javé atuou contra o Egito. Então o povo temeu a Javé e acreditou nele e no seu servo Moisés.

A lei de Deus é amar
(Mc 12,28-31)

Um doutor da Lei estava próximo, e ouviu a discussão. Vendo que Jesus tinha respondido bem, aproximou-se dele e perguntou: «Qual é o primeiro de todos os mandamentos?» Jesus respondeu: «O primeiro mandamento é este: Ouça, ó Israel! O Senhor nosso Deus é o único Senhor! E ame ao Senhor seu Deus com todo o seu coração, com toda a sua alma, com todo o seu entendimento e com toda a sua força. O segundo mandamento é este: Ame ao seu próximo como a si mesmo. Não existe outro mandamento mais importante do que esses dois.»

Jesus deu a vida por amor
(Jo 19,19-27)

Pilatos mandou também escrever um letreiro e colocou-o na cruz. Estava escrito: JESUS NAZARENO, O REI DOS JUDEUS. Muitos judeus puderam ver o letreiro, porque o lugar em que Jesus foi crucificado ficava perto da cidade. O letreiro estava escrito em hebraico, latim e grego. Então os chefes dos sacerdotes dos judeus disseram a Pilatos: «Não deixe escrito: 'O rei dos judeus', mas coloque: 'Este homem disse: Eu sou rei dos judeus.'» Mas Pilatos respondeu: «O que escrevi, está escrito.» Quando crucificaram Jesus, os soldados repartiram as roupas dele em quatro partes. Uma parte para cada soldado. Deixaram de lado a túnica. Era uma túnica sem costura, feita de uma peça única, de cima até em baixo. Então eles combinaram: «Não vamos repartir a túnica. Vamos tirar a sorte, para ver com quem fica.» Isso era para se cumprir a Escritura que diz: «Repartiram minha roupa e sortearam minha túnica.» E foi assim que os soldados fizeram.

A mãe de Jesus, a irmã da mãe dele, Maria de Cléofas, e Maria Madalena estavam junto à cruz. Jesus viu a mãe e, ao lado dela, o discípulo que ele amava. Então disse à mãe: «Mulher, eis aí o seu filho». Depois disse ao discípulo: «Eis aí a sua mãe.» E dessa hora em diante, o discípulo a recebeu em sua casa.

A vida venceu a morte
(Lc 24,1-12)

No primeiro dia da semana, bem de madrugada, as mulheres foram ao túmulo de Jesus, levando os perfumes que haviam preparado. Encontraram a pedra do túmulo removida. Mas, ao entrar, não encontraram o corpo do Senhor Jesus, e ficaram sem saber o que estava acontecendo. Nisso, dois homens, com roupas brilhantes, pararam perto delas. Cheias de medo, elas olhavam para o chão. No entanto, os dois homens disseram: «Por que vocês estão procurando entre os mortos aquele que está vivo? Ele não está aqui! Ressuscitou! Lembrem-se de como ele falou, quando ainda estava na Galileia: 'O Filho do Homem deve ser entregue nas mãos dos pecadores, ser crucificado, e ressuscitar no terceiro dia.'» Então as mulheres se lembraram das palavras de Jesus. Voltaram do túmulo, e anunciaram tudo isso aos Onze, bem como a todos os outros. Eram Maria Madalena, Joana, e Maria, mãe de Tiago. Também as outras mulheres que estavam com elas contaram essas coisas aos apóstolos. Contudo, os apóstolos acharam que eram tolices o que as mulheres contavam e não acreditaram nelas. Pedro, porém, levantou-se e correu para o túmulo. Inclinou-se, e viu apenas os lençóis de linho. Então voltou para casa, admirado com o que havia acontecido.

Acima de tudo o amor
(1Cor 13,1-13)

Ainda que eu falasse línguas, as dos homens e dos anjos, se eu não tivesse o amor, seria como sino ruidoso ou como címbalo estridente.

Ainda que eu tivesse o dom da profecia, o conhecimento de todos os mistérios e de toda a ciência; ainda que eu tivesse toda a fé, a ponto de transportar montanhas, se não tivesse o amor, eu não seria nada.

Ainda que eu distribuísse todos os meus bens aos famintos, ainda que entregasse o meu corpo às chamas, se não tivesse o amor, nada disso me adiantaria.

O amor é paciente, o amor é prestativo; não é invejoso, não se ostenta, não se incha de orgulho.

Nada faz de inconveniente, não procura seu próprio interesse, não se irrita, não guarda rancor.

Não se alegra com a injustiça, mas se regozija com a verdade.

Tudo desculpa, tudo crê, tudo espera, tudo suporta.

O amor jamais passará. As profecias desaparecerão, as línguas cessarão, a ciência também desaparecerá.

Pois o nosso conhecimento é limitado; limitada é também a nossa profecia.

Mas, quando vier a perfeição, desaparecerá o que é limitado. Quando eu era criança, falava como criança, pensava como criança, raciocinava como criança. Depois que me tornei adulto, deixei o que era próprio de criança.

Agora vemos como em espelho e de maneira confusa; mas depois veremos face a face. Agora o meu conhecimento é limitado, mas depois conhecerei como sou conhecido.

Agora, portanto, permanecem estas três coisas: a fé, a esperança e o amor. A maior delas, porém, é o amor.